HEFT 1
HEFT 2
HEFT 3
HEFT 4

Günther Thomé und Dorothea Thomé

WORT-STÄMME

Alle sechs schwierigen Schreibungen (Orthos) zum Erhalt eines Wortstamms oder Wortbausteins in den 550 häufigsten Wörtern im Deutschen:

d	für den **t**-Laut am Wort- oder Silbenende	wie in und
g	für den **k**-Laut am Wort- oder Silbenende	wie in Berg
b	für den **p**-Laut am Wort- oder Silbenende	wie in gelb
ä	für den **kurzen ä**-Laut	wie in älter
g	für den **ch**-Laut, Wortbaustein -ig	wie in lustig
äu	für den **eu**-Laut	wie in Bäume

Basiskonzept Rechtschreiben

Alle Wörter aus den Grund-, Basis- und Orientierungswortschätzen aus zwölf Bundesländern: Baden-Württemberg, Bayern, Berlin, Brandenburg, Bremen, Hamburg, Hessen, Niedersachsen, Nordrhein-Westfalen, Sachsen, Sachsen-Anhalt, Thüringen

- mit rund 550 Haupteinträgen in den sortierten Wörterlisten
- mit vielen Erklärungen, Kopiervorlagen, Übungen
- mit einem Lösungsblatt

Dein Name, Klasse: ______________________________

isb Institut für sprachliche Bildung

Die Deutsche Nationalbibliothek verzeichnet die Publikation in der Deutschen Nationalbibliografie; detaillierte bibliografische Daten sind im Internet über dnb.dnb.de abrufbar.

Alle vier Lernhefte zu allen schwierigen Schreibungen (Orthos) im Deutschen:

ISBN 978-3-94212239-9	Konso-Checker	Heft 1
ISBN 978-3-94212240-5	Langvokale	Heft 2
ISBN 978-3-94212241-2	**Wortstämme**	**Heft 3**
ISBN 978-3-94212242-9	v, β und andere	Heft 4

Passend zur Arbeit mit dem Basiskonzept Rechtschreiben:
- Professionelles Wissen über Rechtschreibung, ISBN 978-3-94212234-4
- Deutsche Wörter nach Laut- und Schrifteinheiten, ISBN 978-3-94212243-6
- Häufige Wörter, ISBN 978-3-94212225-2
- Häufigkeiten in der Rechtschreibung, A4-Karten, ISBN 978-3-94212233-7
- So schreibe ich richtig, Übersichtsposter, DIN A1, ISBN 978-3-94212229-0
- OLFA* 1–2 für die Klassen 1 und 2, ISBN 978-3-94212204-7
- OLFA* 3–9+ für die Klassen 3–9+, ISBN 978-3-94212222-1
- OLFA-Online (www.olfaonline.de)

*OLFA – Oldenburger Fehleranalyse

Werbachstr. 16, 26121 Oldenburg
komplette Ökoproduktion: Bio-Farben, zertifiziertes Recyclingpapier, klimaneutraler Druck und Versand, dieUmweltdruckerei, Hannover
www.isb-oldenburg.de, ISBN 978-3-94212241-2
klimaneutrales Druckerzeugnis | durch CO_2-Ausgleich | www.natureOffice.com/DE-275-MPZJ96Y

Inhalt

Lösungsblatt liegt bei

Bilder, Zeichen und Begriffe

Ableiten durch Verlängern oder Verkürzen den Wortstamm finden: Dächer – Dach, hier ist Dach der **Wortstamm**, also muss man Dächer schreiben

Adjektiv Eigenschafts- oder Wiewörter: klein – kleiner – am kleinsten

Ausrufezeichen hier kommt etwas Wichtiges, das du dir merken solltest

Basisschreibung ist die häufigste, lauttreue Schreibung, wie -**e**, **n**, **r**, Basisschreibungen sind viel häufiger als Orthos (schwierige Schreibungen)

Infinitiv Grundform bei Verben, immer -en am Ende: lauf**en**, red**en**, les**en**

Grundform bei Verben, immer -en am Ende: lauf**en**, red**en**, les**en**

Konso Abkürzung für Konsonant (Mitlaut)

Konsonanten Mitlaute: **S** ie **s** i **n** **d** **h** ie **r** **f** e **tt** **g** e **d** **r** u **ck** **t**

Kurzvokal ein kurzes a (***A**pfel, **a**lle),* ein kurzes i (in ***I**nsel, **i**ch),* mit einem Punkt oder einem Ball wird auf Kurzvokale hingewiesen: ẹ, ạ, ụ

Langvokal ein langes a̲ (wie in *Gl**a̲**s, f**a̲h̲**ren),* ein langes i̲ (wie in *B**i̲e̲**ne, d**i̲e̲**, **i̲h̲**n),* unterstrichene Vokale (a̲, e̲, i̲e̲ usw.) zeigen **Langvo̲ka̲le** an

Nebenschreibungen oder **Orthos** sind (nach den Basisschreibungen) die selteneren und schwierigeren Einheiten, wie v, ß, qu. Nebenschreibungen (Orthos) werden hier oft mit Farbe markiert

Nomen Haupt- oder Namenwort: die Frau, der Mann, das Kind

Namenwort Hauptwort, Nomen oder Substantiv wie *Haus*, *Bein*, *Feld*. Substantive kann man in die Ein- und Mehrzahl setzen: ein Haus, zwei Häuser

→ der Pfeil verweist auf wichtige Wörter in den Wörterlisten

Orthos sind seltener und schwieriger als die häufigen Basisschreibungen. Beispiel: **t** ist eine Basisschreibung und **tt** ist ein Ortho (schwierige Schreibung)

Plural die Mehrzahl: **zwei** Züge, drei Kinder, vier Hefte, viele Tiere

schwaches e (a. Murmel-e oder Schwa genannt) ist der häufigste und gleichzeitig der schwächste Kurzvokal. Nach einem schwachen e folgt z. B. nie ein Doppelkonsonant. Beispiele: Hase, haben, geholfen

Substantiv Nomen, Haupt- oder Namenwort: die Frau, der Mann, das Kind

Singular die Einzahl: **ein** Zug, ein Kind, ein Heft

Verb Zeitwort oder Tätigkeitswort, Beispiele: gehen, ging, gegangen

Vokal Selbstlaut: H **ie** r s **i** n d s **ie** f **e** tt g **e** d r **u** ck t

Wortbausteine sind die Teile von Wörtern: les + en, Bau + stein, witz + ig

Wortstamm der wichtige Wort**stamm** soll möglichst immer erhalten bleiben: **Berg** – **Berg** e, **gelb** – **gelb** e. Im Wort *verkaufen* ist *ver-* der vordere Baustein, -**kauf**- der Wortstamm und -en die Endung.

Worum geht es in diesem Heft?

Es geht um den Erhalt von Wortstämmen.

Was Wortstämme genau sind, das erfährst du auf den folgenden Seiten.

d	für den **t-Laut** im Wort-/Silbenende	wie in und, Land, Kind
g	für den **k-Laut** im Wort-/Silbenende	wie in sagt, liegt, Tag
b	für den **p-Laut** im Wort-/Silbenende	wie in ob, ab, habt, gibt
ä	für **kurzen ä-Laut**	wie in hätte, lässt, Hände
g	für den **ch-Laut** in -ig	wie in einig, wenig, zufällig
äu	für den **eu-Laut**	wie in häufig, läuft, Häuser

Gut zu wissen

Alle diese schwierigen Schreibungen (Orthos) kannst du **nicht so schreiben, wie du sie hörst**. Du hörst beispielsweise ein **t**, musst aber d schreiben. Oder du hörst ein **k** und musst g schreiben. Das ist nicht einfach.

Und warum ist das so? Damit man die Wörter **einfacher lesen** kann.

Also musst du immer einen Trick anwenden: Du bildest eine **Ableitung** und suchst den **Wortstamm**. Wie das gemacht wird, lernst du hier. Mit den häufigsten Wörtern kannst du diese Orthos gezielt lernen und erfolgreich üben.

Wortstamm bleibt Wortstamm

Man kann bei allen schwierigen Schreibungen, die in diesem Heft behandelt werden, nicht hören, wie man sie schreibt. Im Wort Kind kann man das d **nicht hören**. Man hört und spricht ein **t** am Ende. Daher ist das d hier eine schwierige und seltene Nebenschreibung, ein Ortho. Ähnlich ist es bei den anderen Auslautverhärtungen: g **für k** und b **für p**. Man hört und spricht **k** oder **p**, muss aber **gegen die Lautung** ein g oder b schreiben (bei Berg oder Korb).

bunt | rund

Werk | Berg

Was ist ein Wortstamm? Was ist ein Wortbaustein?

Ein **Wortstamm** ist der wichtigste Teil eines Wortes, bei dem man den Sinn des Wortes erkennt. Im Wort **les**en ist **les**- der Wortstamm

und damit der wichtigste Wortbaustein. Der Wortstamm von **Hunde** ist **Hund.**

Ein nicht so wichtiger **Wortbaustein** ist die Endung -en (wie in **les**en, **sag**en). Es gibt auch Wortbausteine, die vorne stehen (z. B. ab- oder vor-: ab**les**en, vor**les**en). Vielleicht findest du noch mehr Wortbausteine, die du vor oder nach dem Wortstamm einsetzen kannst? Trage sie hier ein:

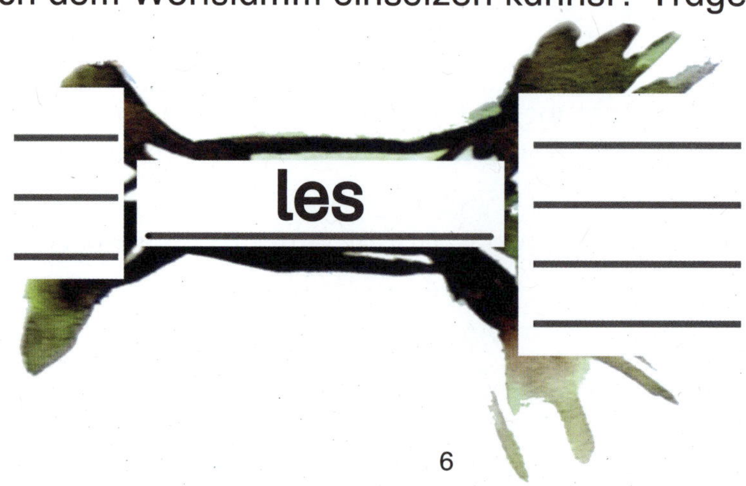

Warum man im Wort Berg ein **g** schreibt, obwohl man ein **k** spricht, liegt daran, dass das Wort im Plural Berge heißt. Hier will man eine Ähnlichkeit im Geschriebenen erhalten. Anders ausgedrückt: Man will den Wortstamm erhalten. Warum? Weil du dann alles besser lesen kannst!

Der Wortstamm ist immer der sinntragende Teil eines Wortes. Er ist hier fett gedruckt: **sing**en, vor**sing**en, **fahr**en, vor**fahr**en, **Gesund**heit. In folgenden Beispielen ist mit grauer Farbe jeweils der Wortstamm markiert.

der Hund (Singular)	die Hunde
das Dach (Singular)	die Dächer

Wie sieht es sonst aus? Es gibt häufige und seltene Schreibungen. Die meisten Schreibungen sind einfach und stehen fast immer für einen bestimmten Laut, wie **t** für den **t**-Laut in **T**al oder Mu**t** oder **k** für den **k**-Laut in **K**ind oder Wer**k**. Wir nennen sie **Basisschreibungen**. Hier siehst du einmal alle Basisschreibungen, die es im Deutschen gibt.

N /n/ NASE	S /z/ SEIL	U /ʊ/ MUSCHEL	NG /ŋ/ RING
E /ə/ HASE	M /m/ MAUS	F /f/ FISCH	P /p/ PINSEL
R /r/ RAKETE	EI /aɪ/ EINS	H /h/ HAUS	Ü /y:/ HÜTE
T /t/ TISCH	E /e:/ FEDER	O /ɔ/ FROSCH	Ü /ʏ/ BÜSCHE
D /d/ DACH	W /v/ WIESE	K /k/ KUCHEN	J /j/ JÄGER
I /ɪ/ INSEL	A /a:/ GLAS	Z /ts/ ZAUN	Ö /ø:/ LÖWE
A /a/ APFEL	G /g/ GABEL	U /u:/ BLUME	EU /ɔʏ/ EULE
L /l/ LAMPE	E /ɛ/ ZELT	AU /aʊ/ AUTO	Ä /ɛ:/ KÄSE
S /s/ EIS	B /b/ BAUM	O /o:/ HOSE	Ö /œ/ TÖPFE
CH /x/ MILCH BUCH	IE /i:/ BIENE	SCH /ʃ/ SCHAF	PF /pf/ PFERDE
	© Thomé und Thomé		CHS /ks/ FUCHS

Schwieriger und viel seltener sind die **Nebenschreibungen** oder **Orthos** für einen Laut. In diesem Heft werden alle Orthos behandelt, die zum Erhalt des Wortstamms dienen, und mit orangeroter Farbe markiert.

Wortstämme: kürzen oder verlängern

Wenn du **am Ende eines Wortes** oder einer Silbe ein d, g, b oder ein -ig vermutest, dann hilft dir fast immer das **Verlängern** des Wortes. →
Wenn du **in der Wortmitte oder am Wortanfang** ein ä oder äu vermutest, dann hilft dir fast immer das **Verkürzen** des Wortes. ←
Wie das genau funktioniert, kannst du in allen Wörterlisten im Heft nachschauen.

Wortstamm-Markierungen bei Nomen

Singular		Plural
der Hund	→	die Hunde
der Berg	→	die Berge
der Korb	→	die Körbe
der König	→	die Könige

Zwei andere Wortstamm-Markierungen - nicht im Auslaut, sondern mitten im Wort

das Dach	←	die Dächer
der Baum	←	die Bäume

Wortstamm-Markierungen bei Verben

Infinitiv		Imperfekt	Partizip Perfekt	
sagen	←	sagte	gesagt	(regelmäßiges Verb)
finden	←	fand	gefunden	(unregelmäßiges Verb)

Wortstamm-Markierungen bei Adjektiven

Positiv Grundstufe		Komparativ Vergleichsstufe	Superlativ Höchststufe
gesund	→	gesünder	am gesündesten
wenig	→	weniger	am wenigsten
lieb	→	lieber	am liebsten

Zusammengefasst:

bei Nomen: Singular oder Pluralform suchen	Hand – Hände
bei Verben: Grund- oder andere Zeitform suchen	fand – finden
bei Adjektiven: eine Steigerungsform suchen	rund – runder

Es geht los – mit einem Gedicht

1. Als erste Übung sollst du nun nach den schwierigen Schreibungen (Orthos) suchen. Lies dir das Gedicht langsam durch und trage ein, wie viele **fett** gedruckte Orthos du pro Zeile findest.
Nach dem grauen Balken wird es schwieriger.
Hier sind die Orthos nicht mehr markiert. Suche diese Orthos:

d	für den **t**-Laut am Wort- oder Silbenende	wie in und, Kind, schied, dankend
g	für den **k**-Laut am Wort- oder Silbenende	wie in stieg
b	für den **p**-Laut am Wort- oder Silbenende	wie in begab, Grab, erhob, gäb's
ä	für den **kurzen ä**-Laut	wie in Fälle, Bälle, Augenbälle
g	für den **ch**-Laut, Wortbaustein -i g	wie in geduldig

hier im Gedicht nicht enthalten:

äu	für den **eu**-Laut	wie in Bäume

Der Werwolf von **Christian Morgenstern**	Orthos	es sind die Wörter:
Der Werwolf eines Nachts entwich	______	
von Wei**b** un**d** Kin**d** un**d** sich bega**b**	______	______
an eines Dorfschullehrers Gra**b**	______	______
un**d** bat ihn: Bitte, beuge mich!	______	______
Der Dorfschullehrer stie**g** hinauf	______	______
auf seines Blechschil**d**s Messingknauf	______	______
un**d** sprach zum Wolf, der seine Pfoten	______	______
gedul**dig** kreuzte vor dem Toten:	______	______
„Der Werwolf", sprach der gute Mann,	______	
„des Werwolfs, Genitiv sodann,	______	
dem Werwolf, Dativ, wie man's nennt,	______	
den Werwolf, – damit hat's ein En**d**."	______	______
Dem Werwolf schmeichelten die F**ä**lle,	______	______
er rollte seine Augenb**ä**lle.	______	______
„Indessen", bat er, „füge doch	______	
zur Einzahl auch die Mehrzahl noch!"	______	
Der Dorfschullehrer aber musste	______	
gestehen, dass er von ihr nichts wusste.	______	
Zwar Wölfe gä**b**'s in großer Schar,	______	______
doch „Wer" gä**b**'s nur im Singular.	______	______
Der Wolf erhob sich tränenblind –	______	______
er hatte ja noch Weib und Kind!	______	______
Doch da er kein Gelehrter eben,	______	
so schied er dankend und ergeben.	______	______
Summe:	______	

Wörterlisten und Übungen

Nun werden die sechs schwierigen Schreibungen (Orthos) mit den 550 häufigsten Wörtern der Grund-, Basis- und Orientierungswortschätze aus zwölf Bundesländern (Baden-Württemberg, Bayern, Berlin, Brandenburg, Bremen, Hamburg, Hessen, Niedersachsen, Nordrhein-Westfalen, Sachsen, Sachsen-Anhalt, Thüringen) aufgelistet.

In den folgenden Wörterlisten und Übungen werden **nur** die Orthos, um die es gerade geht, mit **roter** Farbe markiert. Wir wollen uns auf diese konzentrieren.

In den Listen werden Substantive, Verben und Adjektive unterschiedlich dargestellt. **Gemeinsam ist allen, dass es immer einen Wortstamm gibt.**

Substantive (Nomen, Haupt-, Namenwörter) werden mit Artikel, Singular- und Pluralform angegeben:

Bild, das	die Bil**d**er (achte auf die graue Markierung, die dir den Wortstamm anzeigt: Bild – Bil**d**er)
Betrieb, der	die Betrie**b**e
Berg, der	die Ber**g**e
Bäche, die (Plural)	B**a**ch, der

Verben (Zeit-, Tätigkeitswörter) werden in dieser Form dargestellt:

lächeln	(wegen: l**a**chen) er/sie/es lächelt lächelte gelächelt
hängt	→ hängen (das heißt: Schau unter „hängen" nach, dann findest du eine Ableitung auf **a**)
stand	→ Stand, die Stän**d**e (stehen, er/sie/es steht, stand, gestan**d**en)
habt (ihr habt)	(ha**b**en, er/sie/es hat, hatte, gehabt)

Adjektive (Eigenschafts- oder Wiewörter) werden gesteigert:

mild	mil**d**er	am mil**d**esten
lustig	lusti**g**er	am lustigsten
älter	(**a**lt älter	am ältesten)

Als Hilfe wird durch den **Fettdruck** immer die Information auf den **Wortstamm** gegeben:

Fälle, die (Plural)	F**a**ll, der	Wortstamm FALL
Kind, das	die Kin**d**er	Wortstamm KIND

d für den t-Laut am Wort- oder Silbenende

Der t-Laut wird im Deutschen so geschrieben (gerundete Zahlen, Thomé 2019):

mit t	**74 %**	Beispielwörter: mit, nicht, hat, tun, weit, gut, Tag, Zeit
mit d	**20 %**	Beispielwörter: und, sind, wird, Kind, Land, Hand
mit tt	**6 %**	Beispielwörter: hatte, kaputt, bitten, Mutter, Bett,
mit dt	**0,3 %**	Beispielwörter: lädt, verwandt, Stadt, Verwandte

Regel
Man kann ein d am Ende eines Wortes oder einer Silbe **nicht sprechen und nicht hören**. Man spricht und hört immer ein **t**: der Hund. Das nennt man **Auslautverhärtung**.
So spricht man das Wort Hand mit **t** am Ende.
Man muss es aber mit d schreiben,
weil der Wortstamm -**hand**- erhalten bleiben soll.
Erst durch das **Ableiten** kann man Formen finden,
bei denen man das **d** hören und sprechen kann.
Für das Wort Hand wäre das die Form Hände.

Beispiele: Versuche es mit den Wörtern Hund und Bad.
In der Einzahl klingen sie beide am Ende gleich.
Du hörst immer ein **t**. Aber wie sieht es in der Mehrzahl aus?
Da hörst du immer ein **d**: ➡ Hunde und Bäder.
Deshalb schreibst du auch in der Einzahl Hund und Bad.

d-Wörterliste: d für den t-Laut am Wort- oder Silbenende

Als Hilfe wird durch **Fettdruck** das **abgeleitete d** im Wortstamm angezeigt: *Abend* wegen *Aben**d**e*.

A b e n d, der — die A b e n **d** e
daraus gebildet:
A b e n d b r o t, das (Abend- wegen: die Aben**d**e) die Abend brote
A b e n d e ss e n, das (Abend- wegen: die Aben**d**e) die Abend essen

a b e n d s → A b e n d (wegen: die Aben**d**e)

A d v e n t, der (nicht auf **d** ableitbar, Fremdwort, lateinisch: adveniere, ad: hinzu, hier Ankunft)

a n sch l ie β e n d (= danach), a n sch l ie β e n **d** e

a n s t r e n g e n d — a n s t r e n g e n **d** e r, am a n s t r e n g e n d s t e n

B a d, das — die B ä **d** e r

b a l d (wegen: bal**d**ige)

b a n d (b i n **d** e n, er/sie/es b i n **d** e t, b a n d, g e b u n **d** e n)

B a n d, das — die B ä n **d** e r

b e f a n d (b e f i n **d** e n, er/sie/es b e f i n **d** e t, b e f a n d, b e f u n **d** e n)

Bescheid, der — die Bescheide
bestand (bestehen, er/sie/es besteht, bestand, bestanden)
betreffend betreffende, betreffender, betreffendes
Bild, das — die Bilder
blind blinder am blindesten
blöd blöder am blödesten
Brand, der — die Brände
dauernd dauernde, dauernder, dauerndes
empfand (empfinden, er/sie/es empfindet, empfand, empfunden)
empfindlich (empfind- wegen: empfinden) empfindlicher am empfindlichsten
endlich (end- wegen: das Ende)
endlos (= ohne Ende) (end- wegen: das Ende)
Erdbeere, die (Erd- wegen: die Erde) die Erdbeeren
erfand (erfinden, er/sie/es erfindet, erfand, erfunden)
Fahrrad, das (aus: Fahr+rad) die Fahrräder
fand (finden, er/sie/es findet, fand, gefunden)
Feind, der — die Feinde
feindlich (feind- wegen: die Feinde) feindlicher am feindlichsten
Feld, das — die Felder
fremd fremder am fremdesten
Freund, der — die Freunde
freundlich (freund- wegen: die Freunde) freundlicher am freundlichsten
Freundschaft, die (Freund- wegen: die Freunde) die Freundschaften
friedlich (fried- wegen: der Friede/n) friedlicher am friedlichsten
Gegend, die — die Gegenden
Gegenstand, der — die Gegenstände
Geld, das  die Gelder
gesund gesünder am gesündesten
Gesundheit, die (→ gesund) Plural ist selten
Gold, das (wegen: golden) Plural ist selten
Grund, der — die Gründe
Grundlage, die (→ der Grund) die Grundlagen
Hand, die 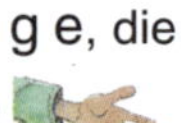 die Hände
Handtuch, das (→ die Hand) 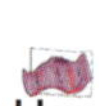 die Handtücher
Held, der — die Helden
Hemd, das — die Hemden
Herd, der — die Herde

Hund, der  die Hunde
irgend (d ist nicht ableitbar, auch nicht in nirgends)
irgendein (irgend- nicht ableitbar) und auch: -wann, -was, -welche, -wer, -wie, -wo, -woher
jemand, jemandem, jemanden
Jagd, die (aber: jagen) die Jagden
Jugend, die (Plural ist selten) die Jugenden
jugendlich (→ Jugend) jugendlicher am jugendlichsten
Jugendliche, der/die → Jugend die Jugendlichen
Kind, das — die Kinder
Kleid, das — die Kleider
Land, das — die Länder
Leid, das — die Leiden
leidend leidende, leidender, leidendes
leitend (in leitender Position), leitende, leitender, leitendes
Lied, das — die Lieder
lud (laden, er/sie/es lädt, lud, geladen)
Mädchen, das (von Magd: die Mägde: Mägdchen) die Mädchen

mild milder am mildesten
Missverständnis, das (-verständ- wegen: verstanden) die Missverständnisse
Mitglied, das — die Mitglieder
Mond, der — die Monde
Motorrad, das (aus: Motor + rad) die Motorräder
Mund, der — die Münder
niedlich (nied- entfernt ableitbar von: nieder, Herkunft heute meist nicht mehr durchsichtig und eher unbekannt) niedlicher am niedlichsten
niemand niemandem, niemanden
nirgends (nicht ableitbar, auch nicht: irgend)
nirgendwo (nicht ableitbar)
nördlich (nörd- wegen: der Norden) nördlicher am nördlichsten
Nordrhein-Westfalen (Eigenname) (Nord- wegen: der Norden)
ordnen (ord- wegen: ordentlich) er/sie/es ordnet, ordnete, geordnet
Ordnung, die (ord- wegen: ordentlich) die Ordnungen
Pferd, das  die Pferde
Pfund, das — die Pfunde

Rad, das — die Räder
Rand, der — die Ränder
Rheinland-Pfalz (Eigenname, -land: Länder)
Rind, das — die Rinder
rund — runder — am rundesten
Saarland (Eigenname, -land wegen: die Länder)
Sand, der — selten: die Sände/Sande
Sandkasten, der (Sand- wegen: sandig) die Sandkästen
schädlich (schäd- wegen: der Schaden) schädlicher am schädlichsten
Schild, das — die Schilder
Schuld, die — die Schulden
Schwimmbad, das — die Schwimmbäder
seid (d ist nicht ableitbar, ihr seid – sein) (das andere *seit* mit **t** hat immer mit *Zeit* zu tun)
sind (d ist nicht ableitbar, sie sind – sein)
sobald (-bald wegen: baldige)
Sonnabend, der — die Sonnabende
spannend — spannender am spannendsten
stand → Stand, die Stände (stehen, er/sie/es steht, stand, gestanden)
Stand, der — die Stände
Strand, der — die Strände
südlich (süd- wegen: der Süden) südliche, südlicher, südliches
tausend, tausende, tausenden
Tausend, das — die Tausende(r)
Tod, der — die Tode
tödlich (töd- wegen: die Tode) tödliche, tödlicher

Umstand, der — die Umstände
und (ist nicht ableitbar, früher unde, alte Form, die heute nicht mehr bekannt ist)
unendlich (-end- wegen: Ende) unendliche, unendlicher, unendliches
Unterschied, der — die Unterschiede
unterschied (unterscheiden, er/sie/es unterscheidet, unterschied, unterschieden)
verband (verbinden, er/sie/es verbindet, verband, verbunden)
verschwand (verschwinden, er/sie/es verschwindet, verschwand, verschwunden)
verstand (verstehen, er/sie/es versteht, verstand, verstanden)
Verstand, der (wegen: verstanden) kein Plural
während (entfernt ableitbar: das Währende)
Wald, der — die Wälder
Wand, die — die Wände
wild — wilder — am wildesten
Wind, der — die Winde
wird (werden, er/sie/es wird, wurde, geworden)
wund — wunder — am wundesten
wütend — wütender — am wütendsten
Zustand, der — die Zustände

Sehr häufig:

und	das Land	das Kind	wird	sind
seid	das Leid	der Abschied	das Lied	das Kleid
das Mitleid	der Eid	der Neid	entschied	-end

Ausnahmen

Es gibt nur **wenige** Wörter, bei denen man das **d im Auslaut nicht ableiten kann:**

und = kommt **sehr oft** vor und wird daher selten falsch geschrieben
sind = wir sind
seid = ihr seid
irgend- — nirgend-
irgendein (e) — nirgend(s)
irgendeinmal — nirgend(s)wo
irgendetwas usw.

Übungen: d für den t-Laut am Wort- oder Silbenende

2. Suche hier immer die Pluralformen. Unterstreiche alle d für den t-Laut.
Beispiel: das Rad die Räder

das Kind	die Kinder	der Freund	die ______
die Hand	die ______	die Wand	die ______
der Hund	die ______	der Wind	die ______
der Wald	die ______	das Lied	die ______
das Pferd	die ______	der Abend	die ______
der Mond	die ______	das Feld	die ______

3. Schreibe weitere Wörter zu den Wortfamilien Kind, Land und Hand auf.
Beispiel: Kind
kind lich
Kind er geburt s tag

Kind	Land	Hand
______	______	______
______	______	______
______	______	______
______	______	______
______	______	______
______	______	______

4. Partner- oder Gruppenarbeit mit Substantiven (Nomen, Hauptwörter).
Suche in der d-Liste nach Substantiven. Auf der Seite 12 sind einige mit diesem Bild gekennzeichnet. Lies das Substantiv im Singular vor.
Deine Mitspieler oder Partner bilden dann mündlich den Plural (Mehrzahl).
Beispiel: Du liest vor: „das Bad". Deine Mitspieler antworten mit: „die Bäder".
Dann schreibt jeder in sein Heft beide Formen auf: das Bad – die Bäder.
Danach wird gewechselt.

5. Schreibe neun Sätze in dein Heft. Unterstreiche alle d-Endungen.
Bilde Sätze mit: der Hund fand, der Freund fand, das Kind fand, er ordnete, das Handtuch verschwand, niemand entschied, jemand verstand, sie verstand, das Kind verstand.
Beispiel: der Hund fand Der Hund fand gestern im Sand einen Knochen.

6. Füge die passenden Wörter in die freien Felder ein. Beispiel:

der Schaden schaden schadhaft, schädlich

Du kannst diese Übung schriftlich oder mündlich machen, mit einem Partner oder mit einer Gruppe zusammen. Vielleicht hilft dir die d-Liste bei den Lösungen? Oft gibt es auch mehrere richtige Lösungen.

Substantive, Singular Nomen, Haupt-, Namenwörter	Substantive, Plural	Adjektive mit -d- Eigenschafts-, Wiewörter
das Leid	die	leid_______
das Land	die	
das Bild	die	
der Unterschied	die	
das Kleid	die	
der Grund	die	
der Abend	die	
der Mund	die	
der Verband	die	
das Kind	die	
der Freund	die	
der Feind	die	

7. Schreibe passende Wörter in die Felder. Ähnlich wie beim Stadt-Land-Fluss-Spiel musst du hier gut überlegen. Welche Wörter fallen dir ein? Oder findest du welche in der Wörterliste?

Wörter mit d für t-Laut	ein Gegenstand	ein Tier oder eine Pflanze	Körperteil oder Tageszeit	eine Landschaft	ein Wiewort
d					
d					
d					

8. Aufgabe: Fülle die Lücken aus. Lösungen findest du in der d-Liste (ab S. 11). KOPIEREN

d für den t-Laut am Wort- oder Silbenende		
Singular	**Plural**	**im Singular mit einem Adjektiv**
der Hund	die Hunde hier hörst du das **d**	der große Hund
der Freund	die	der
das Pferd	die	das
das Kind	die	das
das Geld	die	das
der Abend	die	der
die Wand	die	die

d für den t-Laut am Wort- oder Silbenende		
Imperfekt	**Infinitiv** Grundform	**Imperfekt**
er fand	finden	wir fanden
sie fand		wir
es entschied		wir
er band		wir
sie verschwand		wir
es unterschied		wir
es stand	stehen hier ohne **d**	wir
er bestand		wir
sie verstand		wir

d für den t-Laut am Wort- oder Silbenende		
Positiv Grundstufe	**Komparativ** Vergleichsstufe	**Superlativ** Höchststufe – hier kannst du das **d** hören, wenn danach ein e folgt
rund	runder	am rundesten
gesund		
mild		
wild		
fremd		
blöd		

g für den k-Laut am Wort- oder Silbenende

Der k-Laut wird im Deutschen so geschrieben (gerundete Zahlen, Thomé 2019):

mit k	**58 %**	Beispielwörter: **k**lein, **k**lar, **k**önnen, **k**ommen, **K**ind
mit g	**27 %**	Beispielwörter: weg, sagt, liegt, fragt, Tag, Weg
mit ck	**15 %**	Beispielwörter: zurü**ck**, Glü**ck**, Bli**ck**, Stü**ck**

Regel
Man kann ein g am Ende eines Wortes oder einer Silbe **nicht sprechen und nicht hören**. Man spricht und hört immer ein **k**: Berg. Das nennt man **Auslautverhärtung**.
So spricht man das Wort Tag mit **k** am Ende.
Man muss es aber mit g schreiben,
weil der Wortstamm **-tag-** erhalten bleiben soll.
Erst durch das **Ableiten** kann man Formen finden,
bei denen man das **g** hören und sprechen kann.
Für das Wort Tag wäre das die Form Ta**g**e.

Beispiele: Versuche es mit den Wörtern Weg und Berg.
In der Einzahl klingen sie am Ende gleich.
Du hörst immer ein **k**. Aber wie sieht es in der Mehrzahl aus?
Da hörst du immer ein **g**: → We**g**e und Ber**g**e.
Deshalb schreibst du auch in der Einzahl Weg und Berg.

g-Wörterliste: g für den k-Laut am Wort- oder Silbenende

Als Hilfe wird durch **Fettdruck** das **abgeleitete g** im Wortstamm angezeigt: *Berg* wegen *Ber**g**e*.

Antrag, der — die Anträ**g**e
arg (= ziemlich, etwas veraltet) är**g**er, am ärgsten
arglos (→ arg) arglo**s**er, am arglosesten
Baden-Württemberg (Eigenname, -berg wegen: die Ber**g**e)
begegnen (entfernt ableitbar: -ge**g**en) er/sie/es begegnet, begegnete, begegnet
Berg, der — die Ber**g**e
beugt (beu**g**en, er/sie/es beugt, beugte, gebeugt)
bewegt (bewe**g**en, er/sie/es bewegt, bewegte, bewegt)
Bezug, der — die Bezü**g**e
biegt (bie**g**en, er/sie/es biegt, bog, gebogen)
bog (bie**g**en, er/sie/es biegt, bog, gebo**g**en)
Brandenburg (Eigenname, -burg wegen: Burgen)
Burg, die — die Bur**g**en
Dienstag, der — die Diensta**g**e
Donnerstag, der — die Donnersta**g**e

entgegnen (entfernt ableitbar: entgegen, gegen-)
er/sie/es entgegnet
entgegnete
entgegnet

Erfolg, der — die Erfolge

erfolgt (erfolgen, er/sie/es erfolgt, erfolgte, erfolgt)

fliegt (fliegen, er/sie/es fliegt, flog, geflogen)

flog (fliegen, er/sie/es fliegt, flog, geflogen)

Flug, der — die Flüge

Flugzeug, das — die Flugzeuge

folgt (folgen, er/sie/es folgt, folgte, gefolgt)

fragt (fragen, er/sie/es fragt, fragte, gefragt)

Freitag, der — die Freitage

Geburtstag, der — die Geburtstage

gefragt (fragen, er/sie/es fragt, fragte, gefragt)

gekriegt (kriegen, er/sie/es kriegt, kriegte, gekriegt)

gelegt (legen, er/sie/es legt, legte, gelegt)

genug (wegen: genügen)

gezeigt (zeigen, er/sie/es zeigt, zeigte, gezeigt)

Hamburg (-burg wegen: die Burgen)

hingelegt (hinlegen, er/sie/es legt hin, legte hin, hingelegt)

Jagd, die (wegen: jagen) die Jagden

jagt (jagen, er/sie/es jagt, jagte, gejagt)

keineswegs (entfernt ableitbar: die Wege)

klug — klüger — am klügsten

Krieg, der — die Kriege

kriegt (kriegen, er/sie/es kriegt, kriegte, gekriegt)

lag (liegen, er/sie/es liegt, lag, gelegen)

legt (legen, er/sie/es legt, legte, gelegt)

liegt (liegen, er/sie/es liegt, lag, gelegen)

lügt (lügen, er/sie/es lügt, log, gelogen)

mag (mögen, er/sie/es mag, mochte, gemocht)

Mecklenburg-Vorpommern (Eigenname, -burg wegen: die Burgen)

Mittag, der (eigentlich aus: Mitte + Tag)
die Mittage

Mittagessen, das (wegen: die Mittage)
die Mittagessen

mittags (mittags wegen: die Mittage)

möglich (mög- entfernt ableitbar: mögen), mögliche, möglicher, mögliches

Möglichkeit, die (Mög- entfernt ableitbar: mögen)
die Möglichkeiten

möglichst (mög- entfernt ableitbar: mögen)

Montag, der — die Montage

Nachmittag, der — die Nachmittage

pflegt (pflegen, er/sie/es pflegt, pflegte, gepflegt)

Pflug, der — die Pflüge

pflügt (pflügen, er/sie/es pflügt, pflügte, gepflügt)

regnen (reg- wegen: der Regen, bei regenen entfällt das e)
es regnet
regnete
geregnet

regnet → regnen

sagt (sagen, er/sie/es sagt, sagte, gesagt)

sägt (sägen, er/sie/es sägt, sägte, gesägt)

Samstag, der — die Samstage

saugt (saugen, er/sie/es saugt, saugte, gesaugt)

schlägt (schlagen, er/sie/es schlägt, schlug, geschlagen)

Schleswig-Holstein (Eigenname, auch unter: -g für den ch-Laut)

schräg — schräger — am schrägsten

schweigt (schweigen, er/sie/es schweigt, schwieg, geschwiegen)

siegt (siegen, er/sie/es siegt, siegte, gesiegt)

Sonntag, der — die Sonntage

sorgt (sorgen, er/sie/es sorgt, sorgte, gesorgt)

steigt (steigen, er/sie/es steigt, stieg, gestiegen)

Tag, der — die Tage

täglich (täg- wegen: die Tage)

tagt (tagen, er/sie/es tagt, tagte, getagt)

taugt (taugen, er/sie/es taugt, taugte, getaugt)

trägt (tragen, er/sie/es trägt, trug, getragen)

unmöglich (-mög- entfernt ableitbar: mögen)

unterwegs (entfernt ableitbar: die Wege)

Vormittag, der — die Vormittage

vormittags → Vormittag

wagt (wagen, er/sie/es wagt, wagte, gewagt)

Weg, der die Wege
weg (= fort) (g ist nicht ableitbar)
weggehen (aus: weg + gehen, weg- → weg)
er/sie/es geht weg
ging weg
weggegangen (weg + gegangen)
weglaufen (weg- → weg)
er/sie/es läuft weg
lief weg
weggelaufen (weg + gelaufen)
wegnehmen (weg- → weg)
er/sie/es nimmt weg
nahm weg
weggenommen (weg + genommen)

wegwerfen (weg- → weg)
er/sie/es wirft weg
warf weg
weggeworfen (weg + geworfen)
wiegt (wiegen, er/sie/es wiegt, wog, gewogen)
zeigt (zeigen, er/sie/es zeigt, zeigte, gezeigt)
Zeug, das (→ siehe auch Flugzeug)
selten Plural: die Zeuge
Zeugnis, das (Zeug- wegen: der Zeuge, bezeugen) die Zeugnisse
zog (ziehen, er/sie/es zieht, zog, gezogen)
Zug, der die Züge
Zweig, der die Zweige

Sehr häufig:

der Tag	sagt von: ______	liegt von: ______	zeigt von: ______	weg und weg-

Ausnahme
Es gibt nur **ein** Wort, bei dem man das g **für k im Auslaut nicht ableiten kann**:

weg unterstreiche alle: wegbleiben, wegfahren, weglaufen, wegstellen, die Wegnahme

Übungen: g **für den k-Laut** am Wort- oder Silbenende

9. Schreibe acht Sätze in dein Heft, die möglichst viele dieser Wörter enthalten: genug, der Weg, der Tag, mag, der Antrag, lag, der Bezug, zog, der Zug, trug, der Sieg, der Betrag, der Vertrag, hinweg, schräg

10. Schreibe passende Wörter in die Felder. Ähnlich wie beim Stadt-Land-Fluss-Spiel musst du hier gut überlegen. Welche Wörter fallen dir ein? Vielleicht kannst du diese Aufgabe auch zu zweit oder mit mehreren lösen?

Wörter mit g für den k-Laut	Gegenstand, Fahrzeug	Dokument, Schreiben	eine Tageszeit	in der Landschaft	ein Wiewort
g					
g					
g					

11. Füge die passenden Wörter in die freien Felder ein. Beispiel:

die Pflege   pflegen   pfleglich

Du kannst diese Übung schriftlich oder mündlich machen, mit einem Partner oder mit einer Gruppe zusammen. Vielleicht hilft dir auch die g-Liste bei den Lösungen? Manchmal gibt es mehrere richtige Antworten.

Substantive Nomen, Haupt-, Namenwörter	Verben Zeit-, Tätigkeitswörter	Adjektive Eigenschafts-, Wiewörter
der Tag → die Tage	tagen ← er tagt	täglich
die Sorge	← sie	
die Frage	← es	
die Trage	← er	
der Zeiger	← sie	(zeigbar)
die Folge	← es	
die Klage	← er	
die Vorsorge	vorsorgen ← sie vor	
die Biegung	← es	
der Vertrag → die Verträge	← er	
der Abzug → die Abzüge	← abziehen sie ab	

12. Unterstreiche hier alle g, die als **k** ausgesprochen werden.
Beispiel: Georg fragt seinen guten Freund Greg.

Jeden Tag fragt Jörg, ob er am Sonntag mit dem Zug wegfahren kann.

Am Montag wird es möglicherweise regnen.

Zum Geburtstag wünscht sich Georg einen schönen Weg über den hohen Bergrücken.

Am Donnerstag gehen wir einen Wanderweg über einen Steg zur Burgruine. Wir nehmen einen Abzweig und erreichen die Zugbrücke.

13. Falte das Blatt hier zweimal an der Markierung. KOPIEREN

In der oberen Zeile steht das Wort **Zweig**, bei dem du ein **k** im Auslaut hörst. Wenn du dann die 1. Falte aufklappst, dann entsteht durch das angefügte e die Mehrzahl: die Zweig**e**. Hier kannst du das **g** auch hören. Lies das Wort immer laut vor (z. B. Zweig) und schreibe es dann hinter die 1. Falte in der Einzahl noch einmal auf.

Vor der 2. Falte steht das Wort **Zug**. Hier hörst du wieder ein **k** im Auslaut. Wenn du für die Mehrzahl zwei Striche " auf das u machst (aus u wird der Umlaut ü) und ein e anfügst, erhältst du Züge. Hier kannst du das **g** deutlich hören. Schreibe die Mehrzahl nach der 2. Falte nun auf.

	1. Falte		2. Falte
Zweig	e der Zweig	Zug	" + e die Züge
Teig	e der ____	Flug	" + e die ____
Berg	e der ____	Krug	" + e die ____
Zwerg	e der ____	Abzug	" + e die ____
Verlag	e der ____	Betrag	" + e die Beträge
Erfolg	e der ____	Vertrag	" + e die ____
Tag	e der ____	Umzug	" + e die ____
Weg	e der ____	Ausflug	" + e die ____
Montag	e der ____	Sturzflug	" + e die ____
aber: Werk	e das ____	Rückzug	" + e die ____
Abzweig	e der ____	Anzug	" + e die ____
Steg	e der ____	Vorzug	" + e die ____
Umweg	e der ____	Belag	" + e die ____
Feuerzeug	e das ____	Bettbezug	" + e die ____
Feiertag	e der ____	Beitrag	" + e die ____
Sieg	e der ____	Antrag	" + e die ____
Katalog	e der ____	Schlag	" + e die ____

14. Schneide die Dominokarten (auf der S. 22) aus.
Lege dann immer die Karten mit den passenden Wortstämmen zusammen.
In einem Kuvert kannst du sie für spätere Übungen aufbewahren.

Beispiel: | die Beiträge | der Berg | → | die Berge | der Erfolg |

die Beiträge	der Berg	die Berge	der Erfolg
die Erfolge	der Tag	die Tage	schräg
schräger	der Zug	die Züge	klug
klüger	der Flug	die Flüge	der Abzug
die Abzüge	der Weg	die Wege	der Antrag
die Anträge	der Betrag	die Beträge	der Krieg
die Kriege	der Bezug	die Bezüge	der Sieg
die Siege	der Steg	die Stege	genug
genügend ab hier wird es schwieriger	der Ausflug	die Ausflüge	träg (faul, langsam)
träge	die Burg	die Burgen	der Anzug
die Anzüge	der Teig	die Teige	der Krug
die Krüge	der Zweig	die Zweige	der Schlag
die Schläge	der Zwerg	die Zwerge	der Beitrag

15. Aufgabe: Fülle die Lücken aus. Die Antworten findest du auf dem Lösungsblatt. KOPIEREN

g für den k-Laut am Wort- oder Silbenende		
Singular	**Plural**	**Singular mit einem Adjektiv**
der Berg	die Berge hier hörst du das **g**	der hohe Berg
der Tag	die	der
der Weg	die	der
der Zug	die	der
der Flug	die	der
der Dienstag	die	der
das Flugzeug	die Flugzeuge	das
der Vorschlag	die	der
der Katalog	die	der
der Beleg	die	der

g für den k-Laut am Wort- oder Silbenende		
Imperfekt	**Infinitiv** Grundform	**Präsens**
er flog	fliegen	er fliegt
sie lag		sie
es bog		es
er fragte		er
sie sagte		sie
es klagte		es
er kriegte		er
sie zeigte		sie
es wog		es

g für den k-Laut am Wort- oder Silbenende		
Positiv Grundstufe	**Komparativ** Vergleichsstufe	**Superlativ** Höchststufe
arg	ärger hier kannst du das **g** hören	am ärgsten Wandel zum k-Laut
klug		am
schräg		am

b für den p-Laut am Wort- oder Silbenende

Der p-Laut wird so geschrieben (gerundete Zahlen, aus Thomé 2019, ab S. 55):

mit p	**53 %**	Beispielwörter: **p**rima, s**p**ät, **p**rüfen, **P**latz, **P**rozent
mit b	**40 %**	Beispielwörter: a**b**, o**b**, lie**b**, ha**b**t, gi**b**t, gel**b**, Kor**b**
mit pp	**7 %**	Beispielwörter: Su**pp**e, Tre**pp**e, Pu**pp**e

Regel
Man kann ein b am Ende eines Wortes oder einer Silbe **nicht sprechen und nicht hören**. Man spricht und hört immer ein **p**: der Die**b**. Das nennt man **Auslautverhärtung**.
So spricht man das Wort Korb mit **p** am Ende.
Man muss es aber mit b schreiben,
weil der Wortstamm **-kor**b- erhalten bleiben soll.
Erst durch das **Ableiten** kann man Formen finden,
bei denen man das **b** hören und sprechen kann.
Für das Wort Korb wäre das die Form Kör**b**e.

Beispiele: Versuche es mit den Wörtern Korb und Dieb.
In der Einzahl klingen sie am Ende gleich.
Du hörst immer ein **p**. Aber wie sieht es in der Mehrzahl aus?
Da hörst du immer ein **b**: Kör**b**e und Die**b**e.
Deshalb schreibst du auch in der Einzahl Korb und Dieb.

b-Wörterliste: b für den p-Laut am Wort- oder Silbenende

Als Hilfe wird durch **Fettdruck** das **abgeleitete b** im Wortstamm angezeigt: *halb* wegen *hal**b**e*.

ab (ab ist nicht ableitbar, früher a**b**e oder a**b**a, die alten Formen sind heute nicht mehr bekannt)

Abfall, der (Ab- ist nicht ableitbar → ab)
die Abfälle

abmachen (→ ab)
er/sie/es macht ab
machte ab
abgemacht

Absicht, die (Ab- nicht ableitbar → ab)
die Absichten

absichtlich (ab- nicht ableitbar → ab)

außerhalb (-halb nur entfernt ableitbar: hal**b**e und auch: des-, inner-, wes-)

Betrieb, der — die Betrie**b**e

bleibt (blei**b**en, er/sie/es bleibt, blieb, geblie**b**en)

blieb (blei**b**en, er/sie/es bleibt, blieb, geblie**b**en)

deshalb (-halb nur entfernt ableitbar: hal**b**e und auch: außer-, inner-, wes-)

Dieb, der die Diebe
Erbse, die (nicht ableitbar) die Erbsen
Erlaubnis, die (Erlaub- wegen: erlauben) die Erlaubnisse
erlaubt (erlauben, er/sie/es erlaubt, erlaubte, erlaubt)
Erlebnis, das (Erleb- wegen: erleben) die Erlebnisse
erlebt (erleben, er/sie/es erlebt, erlebte, erlebt)
gab (geben, er/sie/es gibt, gab, gegeben)
gehabt (haben, er/sie/es hat, hatte, gehabt)
gelb gelber am gelbsten
geliebt (lieben, er/sie/es liebt, liebte, geliebt)
geübt (üben, er/sie/es übt, übte, geübt)
gibt (geben, er/sie/es gibt, gab, gegeben)
gibt an (angeben, er/sie/es gibt an, gab an, angegeben)
gibt zurück (zurückgeben, er/sie/es gibt zurück, gab zurück, zurückgegeben)
glaubt (glauben, er/sie/es glaubt, glaubte, geglaubt)
gräbt (graben, er/sie/es gräbt, grub, gegraben)
habt (haben, er/sie/es hat, hatte, gehabt)
halb (halbe, halber, halbes)
Halbzeit, die (Halb- wegen: halbe) die Halbzeiten
hebt (heben, er/sie/es hebt, hob, gehoben)
hebt auf (aufheben, er/sie/es hebt auf, hob auf, aufgehoben)
herab (ab ist nicht ableitbar → ab)
Herbst, der (nicht ableitbar)
hinab (ab ist nicht ableitbar → ab)
hob (heben, er/sie/es hebt, hob, gehoben)
Hubschrauber, der (Hub- wegen: heben) die Hubschrauber
innerhalb (-halb nur entfernt ableitbar: halbe und auch: außer-, des-, wes-)
klebt (kleben, er/sie/es klebt, klebte, geklebt)
Korb, der die Körbe
Laub, das (des Laubes oder entlauben) kein Plural
lebt (leben, er/sie/es lebt, lebte, gelebt)

lieb lieber am liebsten
Liebling, der (Lieb- wegen: die Liebe, lieben) die Lieblinge
Lieblings- (das Lieblingsbuch) (Lieb- wegen: die Liebe, lieben)
liebt (lieben, er/sie/es liebt, liebte, geliebt)
Maßstab, der (aus: Maß + stab) die Maßstäbe
ob (ob ist nicht ableitbar, die alte Form obe ist heute nicht mehr bekannt)
obgleich (ob- ist nicht ableitbar → ob)
Obst, das (nicht ableitbar)
obwohl (ob- ist nicht ableitbar → ob)
probt (proben, er/sie/es probt, probte, geprobt)
Raub, der (wegen: rauben) selten: die Raube
schiebt (schieben, er/sie/es schiebt, schob, geschoben)
schob (schieben, er/sie/es schiebt, schob, geschoben)
schreibt (schreiben, er/sie/es schreibt, schrieb, geschrieben)
schrieb (schreiben, er/sie/es schreibt, schrieb, geschrieben)
schubsen (entfernt ableitbar von: schieben) er/sie/es schubst schubste geschubst
schwebt (schweben, er/sie/es schwebt, schwebte, geschwebt)
selbst (selb- wegen: selber)
selbstständig (selb- wegen: selber) selbstständige, selbstständiger, selbstständiges
siebte (sieb- wegen: sieben)
siebzehn (sieb- wegen: sieben), siebzehnte, siebzehnter, siebzehntes
siebzig (sieb- wegen: sieben)
stirbt (sterben, er/sie/es stirbt, starb, gestorben)
trüb trüber am trübsten
üblich (üb- nicht oder schwer ableitbar, im Sinne von: üben, wie es geübt wird), übliche, üblicher, übliches
übrig (üb- nicht oder schwer ableitbar, im Sinne von: über das Maß hinaus, früher überic oder überich), übrige, übrigen
übrigens (üb- nicht oder schwer ableitbar, im Sinne von: über oder über das Maß hinaus, früher überic oder überich)
übt (üben, er/sie/es übt, übte, geübt)

unglaublich (glaub- wegen: glauben)
unglaublicher
am unglaublichsten

Urlaub, der — die Urlaube

verliebt (sich verlieben, er/sie/es verliebt sich, verliebte sich, sich verliebt)

Verliebte, der/die (-lieb- wegen: lieben)
die Verliebten

Web, das (Fremdwort, englisch: web – das Netz, ableitbar von: weben)

weshalb (-halb nur entfernt ableitbar: halbe und auch: außer-, des-, inner-)

Sehr häufig:

ob	ab	habt/ gehabt	gibt/ gab	bleibt/ blieb	der Maßstab
schreibt/ schrieb	lieb	herab	hebt/ hob	hinab	der Betrieb
der Staub	das Lob	das Sieb	der Raub	schiebt/ schob	der Urlaub

Ausnahmen
Es gibt nur **wenige** Wörter, bei denen man das b **im Auslaut nicht ableiten kann**:

ab — unterstreiche alle: ableiten, abgeben, verabreden, der Abfall, die Abfahrt, die Abgabe
ob — unterstreiche alle: obgleich, obwohl, obzwar, das Obdach, die Obdachlosigkeit
üb- — unterstreiche alle: übrig, übrigens, üblich, üblicherweise, im Übrigen
halb — unterstreiche alle: außerhalb, innerhalb, deshalb, weshalb, oberhalb, unterhalb

die Erbse — der Herbst — das Obst

Übungen: b für den p-Laut am Wort- oder Silbenende

16. Schreibe die mit einer Uhr markierten Verben von Seite 25 auf.
Beispiel: erlaubt – erlauben, erlebt – erleben

17. Bilde die Singularform. Beispiel: die Hiebe der Hieb

Wörter mit b im Plural (Mehrzahl)	Wörter mit b im Singular (Einzahl)
die Kälber	das Kalb
die Siebe	das
die Körbe	der
die Gräber	das
die Stäbe	der
die Verben	das
die Urlaube	der
die Antriebe	der
die Wettbewerbe	der
die Aufschübe	der

18. Füge die passenden Wörter in die freien Felder ein. Beispiel:

das Leben — leben — leblos, lebendig

Manchmal gibt es mehrere richtige Antworten.

Substantive Nomen, Haupt-, Namenwörter	Verben Zeit-, Tätigkeitswörter	Adjektive Eigenschafts-, Wiewörter
die Liebe	lieben	lieblich, lieblos
der Betrieb → die Betriebe		
das Leben		
die Farbe		

19. Finde weitere Wörter zu den Wortfamilien schreib, lieb und üb auf. Schreibe sie in dein Heft. Beispiel: schreib

schreiben
verschreiben
Schreibtisch

schreib

lieb

üb

20. **Wortstamm-Falten:** Hier sollst du noch besser verstehen lernen, wie und warum die Ableitung und Verlängerung funktioniert. Beschrifte ein Blatt Papier mit Verben (wie in Bild 1). Dann knicke es, dass die Faltung exakt **er, sie, es** und das **t** (bei bleibt) **verdeckt**. Zu sehen sind dann immer nur die Wortstämme bleib, glaub usw. Dann beschreibst du die Rückseite (Bild 2): **wir** und viele **en** untereinander. Klappe nun die Spalte nach vorne (Bild 3). Wichtig ist hier, dass du erkennst, dass du es dir mit dem Wortstamm-Erhalt (und mit diesem Falttrick) mit der Rechtschreibung einfacher machen kannst. Diese etwas kniffliche Faltübung kannst du alleine oder in einer Kleingruppe durchführen.

Bild 1

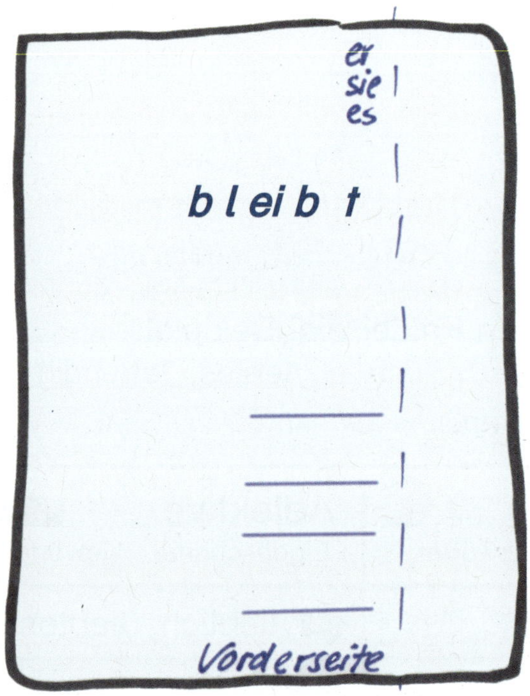

Bild 2

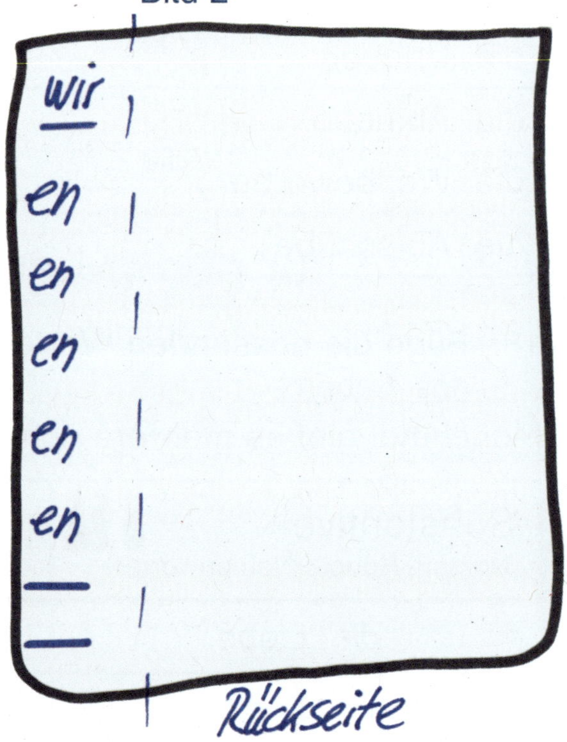

Bild 3

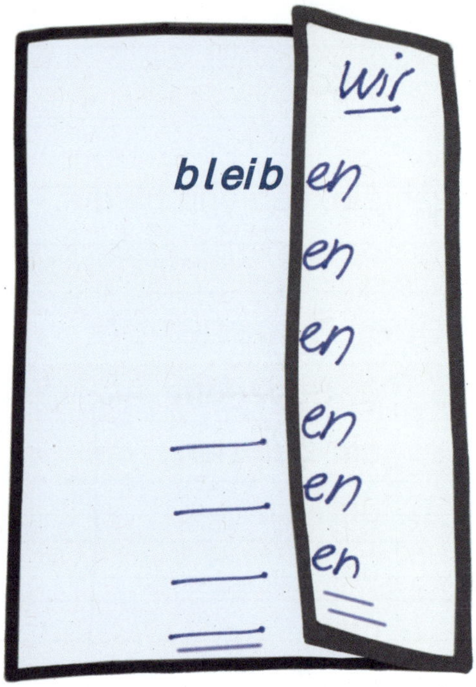

Du kannst die Verben nehmen:

erlau**b**en
erle**b**en
glau**b**en
he**b**en
kle**b**en
le**b**en
schrei**b**en

21. Aufgabe: Fülle die Lücken aus. Die Antworten findest du auf dem Lösungsblatt. KOPIEREN

b für den p-Laut am Wort- oder Silbenende

Singular	Plural	Singular mit einem Adjektiv
der Korb	die Körbe	der kleine Korb
der Dieb	die	der
der Urlaub	die	der
der Betrieb	die	der
der Antrieb	die	der
der Stab	die	der
das Kalb	die	das
das Sieb	die	das

b für den p-Laut am Wort- oder Silbenende

Imperfekt	Infinitiv	Präsens
er gab	geben	er gibt
sie blieb		sie
es schrieb		es
er schraubte		er
sie glaubte		sie
es raubte		es
er übte		er
sie trabte		sie
es liebte		es
er hob		er
sie lebte		sie

b für den p-Laut am Wort- oder Silbenende

Positiv Grundstufe	Komparativ Vergleichsstufe	Superlativ Höchststufe
gelb	gelber hier kannst du das **b** hören	am gelbsten
trüb		am
lieb		am
grob		am

ä für den kurzen ä-Laut

Der kurze ä-Laut wird so geschrieben (gerundete Zahlen, aus Thomé 2019):

mit e **87 %** Beispielwörter: **e**rst, l**e**tzte, h**e**lfen, M**e**nsch, G**e**ld, W**e**lt

mit ä **13 %** Beispielwörter: **ä**lter, b**ä**ckt, M**ä**nner, B**ä**che, H**ä**nde

Was ist mit dem langen ä-Laut? Er wird immer mit **ä** oder äh geschrieben: w**ä**re, K**ä**se, B**ä**r, Z**äh**ne, w**äh**rend.

Nach der Aussprache darfst du dich auch hier nicht richten.
Du kannst es **nicht hören**, ob du ein **e** oder ein ä schreiben musst.
Aber wenn du ein Wort von einem Grundwort **ableiten kannst, das ein a enthält**, dann musst du ein ä schreiben.
Meistens musst du die Einzahl für das Wort suchen.

Bei den Wörtern Z**e**lte oder B**ä**lle und H**ä**nde klingen die fett gedruckten Vokale genau gleich.
Man muss aber B**ä**lle und H**ä**nde mit ä schreiben, weil der Wortstamm **Ball** und **Hand** erkennbar bleiben soll.
Für das Wort Z**e**lt findest du keinen Wortstamm mit **a**. Es gibt kein ~~Zalt~~.
Für die Wörter B**ä**lle und H**ä**nde wäre das die Einzahl: B**a**ll und H**a**nd.

Regel
Wenn du in einem Wort einen kurzen **ä-Laut** hörst,
dann schreibst du meistens ein **e** wie im Wort Z**e**lt.
Aber wenn du durch **Ableiten** ein verwandtes Wort findest,
in dem ein **a vorkommt, dann musst du ein ä schreiben.**

Beispiele: Versuche es mit den Wörtern B**ä**lle und G**ä**ste.
Du hörst in der Mitte immer kurzes **ä**.
Aber wie sieht es in der **Einzahl** aus?
Da hörst du immer ein **a**: **Ball** und **Gast**.
Deshalb schreibst du auch in der Mehrzahl B**ä**lle und G**ä**ste.

ä-Wörterliste: ä für den kurzen ä-Laut

Als Hilfe wird durch **Fettdruck** das **abgeleitete a** im Wortstamm angezeigt: *älter* wegen *alt*.

A b f ä ll e, die (Plural) — A b f **a** ll, der
Ä ck e r, die (Plural) — **A** ck e r, der
ä l t e r (a l t ä l t e r am ä l t e s t e n)

ä n d e r n (wegen: **a** n d e r s)
er/sie/es ä n d e r t
ä n d e r t e
g e ä n d e r t

Anfänge, die (Plural) Anfang, der
Ängste, die (Plural) Angst, die
ängstlich (wegen: die Angst)
ängstlicher
am ängstlichsten
Äpfel, die (Plural)  Apfel, der
Ärger, der (wegen: arg, veraltet, Herkunft heute oft nicht mehr bekannt) selten Plural
ärger (arg ärger am ärgsten)
ärgerlich (wegen arg, veraltet, Herkunft heute oft nicht mehr bekannt)
ärgerlicher
am ärgerlichsten
ärgern (wegen: arg)
er/sie/es ärgert
ärgerte
geärgert
Ärmel, der (wegen: der Arm) die Ärmel
ärmer (arm ärmer am ärmsten)
Ärzte, die (Plural) Arzt, der
Ärztinnen, die (Plural) (wegen: der Arzt)
Ärztin, die
Äste, die (Plural)  Ast, der
Aufsätze, die (Plural) Aufsatz, der
Bäche, die (Plural) Bach, der
Bäcker, der (wegen: backen) die Bäcker
Bäckerin, die (wegen: backen)
die Bäckerinnen
bäckt (backen, er/sie/es backt (bäckt), backte (buk), gebacken)
Bälle, die (Plural) Ball, der
Bänder, die (Plural) Band, das
Bänke, die (Plural) (= die Sitzbänke) Bank, die
behält (behalten, er/sie/es behält, behielt, behalten)
Blätter, die (Plural) Blatt, das
Dächer, die (Plural) Dach, das
Dämpfe, die (Plural) Dampf, der
drängeln (wegen: der Drang)
er/sie/es drängelt
drängelte
gedrängelt
drängen (wegen: der Drang)
er/sie/es drängt
drängte
gedrängt
empfängt (empfangen, er/sie/es empfängt, empfing, empfangen)
enthält (enthalten, er/sie/es enthält, enthielt, enthalten)

ergänzen (wegen: ganz)
er/sie/es ergänzt
ergänzte
ergänzt
erhält (erhalten, er/sie/es erhält, erhielt, erhalten)
erkälten (sich) (-kält- wegen: kalt)
er/sie/es erkältet sich
erkältete sich
sich erkältet
erkältet (sein) (-kält- wegen: kalt
kälter am kältesten)
Fächer, die (Plural) Fach, das
Fälle, die (Plural) Fall, der
fällt (fallen, er/sie/es fällt, fiel, gefallen)
fällt herunter (herunterfallen, er/sie/es fällt herunter, fiel herunter, heruntergefallen)
fällt hin (hinfallen, er/sie/es fällt hin, fiel hin, hingefallen)
fängt (fangen, er/sie/es fängt, fing, gefangen)
fängt an (anfangen, er/sie/es fängt an, fing an, angefangen)
Fässer, die (Plural) Fass, das
Fläche, die (wegen: flach) die Flächen
Fußbälle, die (Plural) Fußball, der
Fußgänger, der (-gänger wegen: der Gang)
die Fußgänger
Gänse, die (Plural) Gans, die
gänzlich (wegen: ganz), gänzliche
Gärten, die (Plural) Garten, der
Gäste, die (Plural) Gast, der
gefällt (gefallen, er/sie/es gefällt, gefiel, gefallen)
Gegenstände, die (Plural) Gegenstand, der
gegenwärtig (-wärt- wegen: die Gegenwart)
Gesänge, die (Plural) Gesang, der
Geschäft, das (wegen: schaffen)
die Geschäfte
Getränk, das (wegen: der Trank, wir tranken) 
die Getränke
Gewächs, das (wegen: wachsen, wächst)
die Gewächse
glänzen (wegen: der Glanz)
er/sie/es glänzt
glänzte
geglänzt
Hälfte, die (wegen: halb) die Hälften
Hälse, die (Plural) Hals, der
hält (halten, er/sie/es hält, hielt, gehalten)

hält fest (festhalten, er/sie/es hält fest, hielt fest, festgehalten)
Hämmer, die (Plural) Hammer, der
Hände, die (Plural) Hand, die 
Hänge, die (Plural) Hang, der
hängen (wegen: der Hang)
er/sie/es hängt
hing
gehangen
hängt → hängen
härter (hart härter am härtesten)
hässlich (wegen: der Hass)
hässlicher am hässlichsten
hauptsächlich (-säch- wegen: die Sache)
Hauptstädte, die (Plural) Hauptstadt, die
Kälte, die (wegen: kalt) kein Plural
kälter (kalt kälter am kältesten)
Kämme, die (Plural) Kamm, der
kämmen (wegen: der Kamm)
er/sie/es kämmt
kämmte
gekämmt
Kämpfe, die (Plural) Kampf, der
kämpfen (wegen: Kampf)
er/sie/es kämpft
kämpfte
gekämpft
Kästen, die (Plural) Kasten, der
Kindergärten, die (Plural)
Kindergarten, der
Kräfte, die (Plural) Kraft, die
kräftig (wegen: die Kraft)
kräftiger am kräftigsten
kränker (krank kränker
am kränksten)
Kränze, die (Plural) Kranz, der
Kühlschränke, die (Plural)
Kühlschrank, der
lächeln (wegen: lachen)
er/sie/es lächelt
lächelte
gelächelt
Länder, die (Plural) Land, das
länger (lang länger
am längsten)
längst (wegen: lang)
Lärm, der (abgeleitet von Alarm, Fremdwort)
kein Plural
lärmen → Lärm
er/sie/es lärmt
lärmte
gelärmt

lässig (wegen: lassen)
lässiger am lässigsten
lässt (lassen, er/sie/es lässt, ließ, gelassen)
lässt los (loslassen, er/sie/es lässt los, ließ los, losgelassen)
lästig (wegen: die Last)
lästiger am lästigsten
Mächte, die (Plural) Macht, die
Mängel, die (Plural) Mangel, der
Männer, die (Plural) Mann, der
Mäntel, die (Plural) Mantel, der
Marktplätze, die (Plural) Marktplatz, der
Märkte, die (Plural) Markt, der
März, der (Fremdw., abgeleitet: der Mars) selten Plural
Missverständnis, das (wegen: verstanden)
die Missverständnisse
nächste (wegen: nach), nächster, nächstes
Nächte, die (Plural) Nacht, die
Nässe, die (wegen: nass) kein Plural
Päckchen, das (Päck- wegen: packen)
die Päckchen
Pässe, die (Plural) Pass, der
Plätze, die (Plural) Platz, der
Säcke, die (Plural) Sack, der
Säfte, die (Plural) Saft, der
Sandkästen, die (Plural) Sandkasten, der
Sätze, die (Plural) Satz, der
Schärfe, die (wegen: scharf) selten: die Schärfen
schärfer (scharf schärfer
am schärfsten)
Schätze, die (Plural) Schatz, der
schwächer (schwach schwächer
am schwächsten)
Schwämme, die (Plural) Schwamm, der
Schwänze, die (Plural) Schwanz, der
schwärzer (schwarz schwärzer
am schwärzesten)
selbstständig (-ständig wegen der Stand),
selbstständige, selbstständiges
Spaziergänge, die (Plural) Spaziergang, der
Spielplätze, die (Plural) Spielplatz, der
Städte, die (Plural) Stadt, die
Ställe, die (Plural) Stall, der
Stände, die (Plural) Stand, der
Stängel, der (wegen: die Stange) die Stängel
Stärke, die (Plural) (wegen: stark) die Stärken
stärken (wegen: stark)
er/sie/es stärkt
stärkte
gestärkt

stärker (stark stärker am stärksten)
Strände, die (Plural) Strand, der
Unfälle, die (Plural) Unfall, der
wächst (wachsen, er/sie/es wächst, wuchs, gewachsen)
Wälder, die (Plural) Wald, der
Wärme, die (wegen: warm) selten Plural
wärmer (warm wärmer am wärmsten)
Wäsche, die (wegen: waschen) die Wäschen

wäscht (waschen, er/sie/es wäscht, wusch, gewaschen)
Verhältnis, das (-hält- wegen: halten) die Verhältnisse
verlässt (verlassen, er/sie/es verlässt, verließ, verlassen)
vollständig (-ständ- entfernt ableitbar: der Stand) vollständiger am vollständigsten
Zustände, die (Plural) Zustand, der

Sehr häufig:

hätte	lässt	fällen	die Hände	die Kräfte	voll-ständig
die Hälfte	die Männer	hält	das Ge-schäft	länger	haupt-sächlich
enthält	hängt	______	______	______	______

Ausnahmen: Es gibt **sehr wenige** Wörter, bei denen man **das kurze ä nicht auf a ableiten kann**: das Geländer, grässlich, der Lärm (Fremdwort, von Alarm, französisch).

Übungen: ä für den **kurzen ä**-Laut

22. Suche die passenden Substantive (Haupt-, Namenwörter) mit kurzem ä.
Beispiel: kämpfen der Kampf die Kämpfe

Verben	**Substantive** im Singular	**Substantive** im Plural
kämpfen	der	die
kämmen	der	die
hängen	der	die
glänzen	der	das
schätzen	der	die

23. Schneide die Dominokarten (auf der S. 34) aus.
Lege dann immer die Karten mit den passenden Wortstämmen zusammen.
In einem Kuvert kannst du sie für spätere Übungen aufbewahren.

Beispiel: | die Stadt | die Wälder | | der Wald | die Männer |

die Stadt	die Wälder	der Wald	die Männer
der Mann	die Länder	das Land	kälter
kalt	die Hände	die Hand	er lässt
lassen	er hätte	er hat	länger
lang	die Kräfte	die Kraft	er hält
halten	länger	lang	die Äste
der Ast	älter	alt	die Bänke
die Bank	die Fälle	der Fall	die Bälle
der Ball ab hier wird es schwieriger	härter	hart	wärmer
warm	die Wände	die Wand	die Sätze
der Satz	die Gläser	das Glas	die Plätze
der Platz	die Kämme	der Kamm	die Bärte
der Bart	die Gäste	der Gast	die Städte

24. Aufgabe: Fülle die Lücken aus. Lösungen findest du in der ä-Liste (ab S. 30). KOPIEREN

ä für kurzen ä-Laut

Plural	Singular	im Singular mit einem Adjektiv
die Dächer	das Dach	die flachen Dächer
die Äpfel	der	die
die Gärten	der	die
die Bälle	der	die
die Männer	der	die
die Städte	die	die
die Plätze	der	die
die Wälder	der	die
die Sätze	der	die
die Kräfte	die	die

ä für kurzen ä-Laut

Präsens	Infinitiv	Präsens
er wäscht	waschen	sie waschen
sie hält		sie
es enthält		sie
er fängt		sie
sie fällt		sie
es gefällt		sie

ä für kurzen ä-Laut beachte hier die andere Reihenfolge

Komparativ Vergleichsstufe	Positiv Grundstufe	Superlativ Höchststufe
älter	alt (aus ä wird a)	am ältesten
kälter		am
härter		am
wärmer		am
stärker		am
ärmer		am
kräftiger	aber: ________ von Kraft	am

g für den ch-Laut im Wortbaustein -ig

Der ch-Laut wird so geschrieben (gerundete Zahlen, aus Thomé 2019):

mit ch **92 %** Beispielwörter: au**ch**, i**ch**, ho**ch**, ma**ch**en, Wo**ch**e

mit g (nach **i**) **8 %** Beispielwörter: einig, wenig, lustig, Honig, Käfig

Regel
Wenn du am Ende eines Wortes oder einer Silbe eine **i-ch-Lautfolge** hörst, dann musst du meistens -ig schreiben. Das ist besonders häufig bei Adjektiven (Eigenschafts- oder Wiewörtern) so.
Erst durch das **Ableiten** (das Steigern oder das Verlängern) kann man verwandte Wörter finden, in denen man das **g auch als g ausspricht.** Dann kannst du sicher sein, dass du ein -ig **schreiben muss, obwohl du ein -ich hörst.**

Beispiele: Versuche es mit den Wörtern lustig und witzig.
Du hörst am Ende immer ein **ch**.
Aber wie sieht es nach dem Verlängern aus?
Da hörst du ein **g** oder den Wortbaustein -ig ➔ lustige und witzige.
Deshalb schreibst du hier ein g lustig und witzig.

ig-Wörterliste: g für den **ch**-Laut nach einem i, also -ig

Als Hilfe wird durch **Fettdruck** auf die **Verlängerung zu -ig e/n** hingewiesen: einig wegen: eini**g**e.

achtzig (wegen: der Achtzi**g**er)
artig arti**g**er am artigsten
befestigt (befesti**g**en, er/sie/es befestigt, befestigt)
beleidigt (beleidi**g**en, er/sie/es beleidigt, beleidigte, beleidigt)
beschuldigt (beschuldi**g**en, er/sie/es beschuldigt, beschuldigte, beschuldigt)
besichtigt (besichti**g**en, er/sie/es besichtigt, besichtigte, besichtigt)
billig billi**g**er (Wandel zur g-Lautung) am billigsten
dreckig drecki**g**er am dreckigsten
dreißig (wegen: der Dreißi**g**er)
durstig dursti**g**er am durstigsten
eckig, ecki**g**e, ecki**g**er, ecki**g**es
eifrig eifri**g**er am eifrigsten
einig eini**g**er am einigsten
einig, eini**g**e, eini**g**er, eini**g**es
Einigkeit, die (-ig → einig, wegen: eini**g**e) die Einigkeiten

einigt (einigen, er/sie/es einigt, einigte, geeinigt)
einzig, einzige, einziger, einziges
entschuldigt (sich entschuldigen, er/sie/es entschuldigt sich, entschuldigte sich, sich entschuldigt)
fertig, fertige, fertiger, fertiges
Feuchtigkeit, die (-ig hier nicht ableitbar) die Feuchtigkeiten
fleißig fleißiger am fleißigsten
flüssig flüssiger am flüssigsten
Flüssigkeit, die (-ig → flüssig, wegen: flüssige) die Flüssigkeiten
fünfzig (wegen: der Fünfziger)
fünfzigste → fünfzig
gegenwärtig, gegenwärtige, gegenwärtiger, gegenwärtiges
geizig geiziger am geizigsten
giftig giftiger am giftigsten
gleichzeitig, gleichzeitige, gleichzeitiger, gleichzeitiges
goldig goldiger am goldigsten
häufig häufiger am häufigsten
heftig heftiger (Wandel zur g-Lautung) am heftigsten
heilig, heilige, heiliger, heiliges
Honig, der die Honige
hungrig hungriger am hungrigsten
Käfig, der die Käfige
König, der die Könige
kräftig kräftiger am kräftigsten
langweilig langweiliger am langweiligsten
lässig lässiger am lässigsten
lästig lästiger am lästigsten
lebendig lebendiger am lebendigsten
lediglich (ledig- wegen: ledige)
listig listiger (Wandel zur g-Lautung) am listigsten (Wandel zur k-Lautung)
lustig lustiger (Wandel zur g-Lautung) am lustigsten (Wandel zur k-Lautung)
mäßig mäßiger am mäßigsten
missmutig missmutiger am missmutigsten
mutig mutiger am mutigsten
neugierig neugieriger am neugierigsten
neunzig (wegen: der Neunziger)
niedrig niedriger am niedrigsten
nötig nötiger am nötigsten
notwendig notwendiger am notwendigsten
reinigt (reinigen, er/sie/es reinigt, reinigte, gereinigt)
richtig richtiger am richtigsten
riesig riesiger am riesigsten
ruhig ruhiger am ruhigsten
sandig sandiger am sandigsten
Schleswig-Holstein (Eigenn., a.: g für k-Laut)
schmutzig schmutziger am schmutzigsten
schuldig schuldiger am schuldigsten
schwierig schwieriger am schwierigsten
Schwierigkeit, die (Schwierig- wegen: schwierige) die Schwierigkeiten
sechzig (wegen: der Sechziger)
selbstständig, selbstständige selbstständiger
siebzig (wegen: der Siebziger)
sonnig sonniger am sonnigsten
staubig staubiger am staubigsten
Süßigkeit, die (-ig hier nicht ableitbar) die Süßigkeiten
Tätigkeit, die (Tätig- wegen: tätigen/tätige) die Tätigkeiten
traurig trauriger am traurigsten
tüchtig tüchtiger am tüchtigsten
übrig, übrige, übriges (auch: übrigens)
verteidigt (verteidigen, er/sie/es verteidigt, verteidigte, verteidigt)
vierzig (wegen: der Vierziger)
völlig, völlige, völliger, völliges
vollständig vollständiger am vollständigsten
vorsichtig vorsichtiger am vorsichtigsten
wenig weniger am wenigsten
wenigstens → wenig
wichtig wichtiger am wichtigsten
witzig witziger am witzigsten
zukünftig, zukünftige, zukünftiger, zukünftiges
zwanzig (wegen: der Zwanziger)

Sehr häufig:

einig	wenig	zufällig	richtig	nötig	billig
not-wendig	völlig	voll-ständig	ruhig	häufig	frei-willig
gleich-zeitig	fertig	übrig	eilig	ewig	der König

Ausnahmen
Es gibt nur **wenige** Wörter, bei denen man das **-ig nicht ableiten kann**. Es sind oft Wörter mit der Endung -keit, z. B. die Süßigkeit, die Festigkeit, die Feuchtigkeit, die Neuigkeit.

Übungen: g für den **ch**-Laut im Wortbaustein -ig

25. Bilde Adjektive (Wie- oder Eigenschaftswörter)
Beispiel: der Lehm lehmig, lehmige

Substantive	**Adjektive mit -g und -ige**
die Sonne	sonnig, sonnige
das Holz	
der Mut	
das Mehl	
der Zufall	
der Witz	
der Anteil	
die Eile	
der Hügel	
die Luft	
die Kraft	
die Macht	
der Hunger	
die Luft	
aber: der Freund	

26. Schreibe fünf Sätze mit möglichst vielen Wörtern mit -ig in dein Heft. Verwende die Wörter aus der g-Liste. Beispielsätze: *Der König ist heute lustig und witzig. Er geht einen Weg, der lehmig, abschüssig und sehr schwierig ist. Er kommt ins Rutschen, wird dreckig und lässt alle Süßigkeiten fallen.*

27. Suche alle Wörter mit der Endung -keit aus der Liste heraus. Schreibe sie hier auf. Es sind sechs Wörter. Beispiel: die Einigkeit

____

____

____

28. Bilde den Plural (die Mehrzahl) und schreibe dann einen ganzen Satz.
Beispiel: der Honig die Honige Ohne die fleißigen Bienen hätten wir keinen Honig.

-ig im Singular	-ig im Plural	Schreibe einen kurzen Satz mit einem Wort aus der ersten Spalte (grau)
der König	die	______________________
der Käfig	die ________	______________________
der Honig	die ________	______________________

29. Suche 14 Wörter mit -ig und kreise sie ein! Sie sind in zwei Richtungen geschrieben: von links nach rechts → und von oben nach unten ↓.
SONNIG TRAURIG RUHIG LUSTIG EINIG FERTIG KRÄFTIG
ECKIG WICHTIG FLÜSSIG FLEISSIG RIESIG EWIG VÖLLIG
Zusammengehörende Schrifteinheiten stehen immer in einem Kästchen wie NN oder EI.

V	Ö	LL	I	G	S	EI	G	T
K	R	UH	I	G	O	N	F	R
R	IE	S	I	G	NN	I	L	AU
Ä		X	E	W	I	G	Ü	R
F	E	R	T	I	G		SS	I
T	CK		F	L	EI	SS	I	G
I	I	W	I	CH	T	I	G	
G	G	L	L	U	S	T	I	G

30. Aufgabe: Fülle die Lücken aus. Lösungen findest du in der ig-Liste (ab S. 36). KOPIEREN

g für ch-Laut im Wortbaustein -ig – es gibt nur wenige		
Singular	**Plural** Wechsel zum g-Laut	**im Singular mit einem Adjektiv**
der Honig	die Honige	der kräftige Honig
der König	die	der
der Käfig	die	der

g für ch-Laut im Wortbaustein -ig		
Präsens	**Infinitiv**	**Imperfekt**
er beschuldigt	beschuldigen	er beschuldigte
sie befestigt		sie
es einigt		es
er reinigt		er
sie verteidigt		sie

g für ch-Laut im Wortbaustein -ig		
Positiv Grundstufe	**Komparativ** Vergleichsstufe	**Superlativ** Höchststufe
lustig	lustiger hier kannst du g hören	am lustigsten
witzig		am
sonnig		am
fleißig		am
billig		am
kräftig		am
ruhig		am
riesig		am
mutig		am
schwierig		am
vorsichtig		am
wichtig		am
heftig		am
listig		am

äu für den eu-Laut

Der eu-Laut wird so geschrieben (gerundete Zahlen, aus Thomé 2019):

mit eu 82 % Beispielwörter: **eu**ch, n**eu**, d**eu**tsch, **Eu**ro, **Eu**le, L**eu**te

mit äu 18 % Beispielwörter: häufig, äußere, räumen, Häuser, Bäume

Nur nach der Aussprache darfst du dich auch hier nicht richten.
Du kannst es **nicht hören**, ob du ein **eu** oder ein äu schreiben musst.
Die Wörter h**eu**te und Häute klingen gleich,
müssen aber anders geschrieben werden.
Nur zum Wort Häute gibt es das passende Wort H**au**t.
Deshalb schreiben wir Häute.
Du musst also die Wörter auf das **Grundwort ableiten**,
dann kannst du erkennen, ob du ein **eu** oder ein äu schreiben musst.
Das Wort h**eu**te kannst du **nicht** auf au ableiten.

Regel
Wenn du in einem Wort einen **eu-Laut** hörst,
dann schreibst du meistens ein **eu** wie im Wort h**eu**te.
Aber wenn du durch **Ableiten** ein verwandtes Wort findest,
in dem ein **au vorkommt, dann musst du ein äu schreiben.**

Beispiele: Versuche es mit den Wörtern — Häuser und Bäume.
Du hörst in der Mitte immer ein **eu**.
Aber wie sieht es in der Einzahl aus?
Da hörst du immer ein **au**: — H**au**s und B**au**m.
Deshalb schreibst du auch in der Mehrzahl — Häuser und Bäume.

äu-Wörterliste: äu für den eu-Laut

Als Hilfe wird durch **Fettdruck** das **abgeleitete au** im Wortstamm angezeigt: *Häuser* wegen H**au**s.

aufräumen (-räum- wegen: der R**au**m)
er/sie/es räumt auf
räumte auf
aufgeräumt

äußere (wegen: **au**ßen), äußerer,
äußeres

äußern (wegen: nach **au**ßen bringen)
er/sie/es äußert
äußerte
geäußert

äußerlich (wegen: **au**ßen), äußerliche,
äußerlicher, äußerliches

Äußerung, die → äußern die Äußerungen

Bäuche, die (Plural) B**au**ch, der

Bäuerin, die (wegen: der B**au**er, b**au**en)
die Bäuerinnen

Bäume, die (Plural) B**au**m, der 

enttäuschen (aus: ent + täuschen)
(-täuschen von tauschen ableitbar, inhaltlich aber nicht direkt verwandt)
er/sie/es enttäuscht
enttäuschte
enttäuscht

erträumen (wegen: Traum)
er/sie/es erträumt
erträumte
erträumt

Gebäude, das (-bäude wegen: bauen)
die Gebäude

Gebräuche, die (Plural) — Gebrauch, der

häufig (wegen: der Haufen)
häufiger am häufigsten

Häuser, die (Plural)  Haus, das

häuslich (wegen: das Haus), häusliche, häuslicher, häusliches

Häute, die (Plural) — Haut, die

Käufer, der (wegen: der Kauf) — die Käufer

Käuferin, die (Käuf- wegen: der Kauf)
die Käuferinnen

käuflich (wegen: der Kauf), käufliche, käuflicher, käufliches

Krankenhäuser, die (Plural)
Krankenhaus, das

Kräuter, die (Plural) — Kraut, das

Läufe, die (Plural) — Lauf, der

Läufer, der (wegen: laufen) die Läufer

Läuferin, die (wegen: laufen)
die Läuferinnen

läuft (laufen, er/sie/es läuft, lief, gelaufen)

läuft weg (weglaufen, er/sie/es läuft weg, lief weg, weggelaufen) (aus: weg + gelaufen)

Mäuse, die (Plural) — Maus, die 

Räume, die (Plural) — Raum, der

räumen (wegen: der Raum)
er/sie/es räumt
räumte
geräumt

säumen (wegen: der Saum, einen Saum nähen)
er/sie/es säumt
säumte
gesäumt

säuerlich (wegen: sauer) säuerlicher
am säuerlichsten

Säure, die (wegen: sauer, das e ist entfallen)
die Säuren

Schäume, die (Plural) — Schaum, der

Sträucher, die (Plural) — Strauch, der 

Tannenbäume, die (Plural)
Tannenbaum, der

täuschen (wegen: Tausch oder tauschen)
er/sie/es täuscht
täuschte
getäuscht

Träume, die (Plural) — Traum, der

träumen (wegen: Traum)
er/sie/es träumt
träumte
geträumt

Verkäufe, die (Plural) — Verkauf, der

verkäuflich (wegen: der Kauf), verkäufliche, verkäuflicher

versäumen (wegen (alt): saumen, saumselig)
er/sie/es versäumt
versäumte
versäumt

Zäune, die (Plural) — Zaun, der 

Sehr häufig:

häufig	die Häuser	das/die Gebäude	der/der Käufer	die Räume	läuft
äußerste	äußer-lich	der/die Verkäufer	die Träume	die Bäume	träumen

Ausnahmen
Es gibt nur **sehr wenige** Wörter, bei denen man das **äu nicht auf au ableiten** kann:

das Knäul — räuspern — die Säule — sträuben

Du musst sie dir als **Merkwörter** einprägen.

Übungen: äu für den eu-Laut

31. Finde weitere Wörter mit dem Wortbaustein: -äußer-

äußere, ______________________________

____

32. Sortiere diese äu-Wörter nach Wortarten: TRÄUME – TÄUSCHEN – TRÄUMERISCH – LÄUTEN – KÄUFLICH – BÄUME – BRÄUTE – EINÄUGIG – TRÄUMEN – FRÄULEIN – ÄUßERLICH – HÄUFIG – GEBÄUDE – AUFRÄUMEN – EINZÄUNEN

Substantive	Verben	Sonstiges
die Träume	täuschen (wir täuschen)	träumerisch
die Bäume		
die Bräute		
das Fräulein		
die Gebäude		

33. Suche für jedes Wort eine Ableitung auf au.
Beispiel: einzäunen Wortstamm ist: -zaun-

häufig	von: der Haufen
käuflich	von:
häuslich	von:
das Gebäude	von:
aufräumen	von:

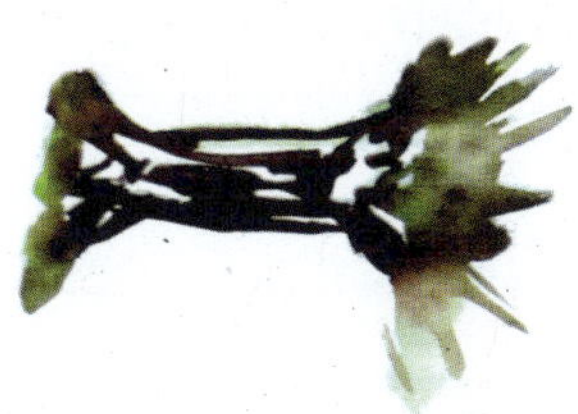

34. Male weitere Bilder zu diesen Wörtern in dein Heft: einzäunen, Krankenhäuser, Verkäufer, Wettläufer. Beispiele:

Gebäude Wortstamm ist: -bau-

geräumig Wortstamm ist: -raum-

35. Aufgabe: Fülle die Lücken aus. Lösungen findest du in der äu-Liste (ab S. 41). KOPIEREN

äu für eu-Laut		
Plural	**Singular**	**im Plural mit einem Adjektiv**
die Kräuter	das Kraut	die wilden Kräuter
die Mäuse		die ______
die Häuser		die ______
die Träume		die ______
die Zäune		die ______

äu für eu-Laut		
Infinitiv	**Ableitung auf au**	**Präsens**
träumen	von: der Traum	er
räumen	von: der	sie
äußern	von:	er/sie

äu für eu-Laut	
Positiv Grundstufe	**Ableitung**
häufig	von: der Haufen
käuflich	von: der
häuslich	von: das
äußerlich	von:

Von 550 Wörtern gibt es nur 15 Merkwörter, die du nicht ableiten kannst

irgend	nirgend	wir sind
ihr seid	ab, ab-	ob, ob-
üb-	die Erbse	das Obst
der Herbst	weg, weg-	die Flüssigkeit
die Süßigkeit	räuspern (seltenes Wort)	die Säule (seltenes Wort)

Literatur

Augst, G. (2009): *Wortfamilienwörterbuch der deutschen Gegenwartssprache.* Tübingen: Niemeyer.

Corvacho del Toro, I.; Hoffmann-Erz, R. (2014): Was ist lautgetreu? In: Siekmann, K. (Hrsg.): *Theorie, Empirie und Praxis effektiver Rechtschreibdiagnostik*. Tübingen: Stauffenburg, S. 29–40.

DUDEN (2023[10]): *Deutsches Universalwörterbuch*. Mannheim u. a.: Dudenverlag [und aus 18 Mill. Einträgen: duden.de/sprachwissen/sprachratgeber/Die-haufigsten-Worter-deutschsprachigen-Texten, 11.2023).

Eisenberg, P. (2017): *Deutsche Orthographie*. Regelwerk und Kommentar. Berlin, Boston: de Gruyter.

Ortmann, W. D. (1976): Beispielwörter für deutsche Rechtschreibübungen [aus 11 Mill. Einträgen]. München: Goethe Institut. Arbeitsstelle Wissenschaftliche Didaktik.

Siekmann, K. (2021): *Grund- und Orientierungswortschatz, Primarstufe*. Bd. 1. Schönau: Siekmann Verlag.

Thomé, G. (2019[2]): *Deutsche Orthographie: historisch, systematisch, didaktisch*. Oldenburg: isb-Fachverlag.

Trubetzkoy, N. S. (1938/1989[7]): *Grundzüge der Phonologie*. Göttingen: Vandenhoeck & Ruprecht.